El canto de los pájaros

Birdsong

MUSEO SALVAJE
Colección de poesía
Homenaje a Olga Orozco

Homage to Olga Orozco
Poetry Collection
WILD MUSEUM

Francisco de Asís Fernández

EL CANTO DE LOS PÁJAROS

BIRDSONG

Translated by Stacey Alba Skar-Hawkins

Nueva York Poetry Press®

Nueva York Poetry Press LLC
128 Madison Avenue, Oficina 2RN
New York, NY 10016, USA
Teléfono: +1(929)354-7778
nuevayork.poetrypress@gmail.com
www.nuevayorkpoetrypress.com

El canto de los pájaros / Birdsong

© 2023 Francisco de Asís Fernández

© Translator: Stacey Alba Skar-Hawkins

ISBN-13: 978-1-958001-65-3

© Poetry Collection:
Wild Museum 53
(Homage to Olga Orozco)

© Publisher/Editor-in-Chief:
Marisa Russo

© Editor:
Francisco Trejo

© Prologue & Blurb:
Stacey Alba Skar-Hawkins

© Cover Designer
William Velásquez Vásquez

© Typesetter:
Moctezuma Rodríguez

© Cover and Interiors Photographer:
G. Jenkins

© Author's Photographer:
Evelyn Flores

De Asís Fernández, Francisco
El canto de los pájaros / Birdsong, Francisco de Asís Fernández. 1ª ed. New York: Nueva York Poetry Press, 2023, 222 pp. 5.25" x 8".

1. Nicaraguan Poetry   2. Central American Poetry   3. Hispanic American Poetry.

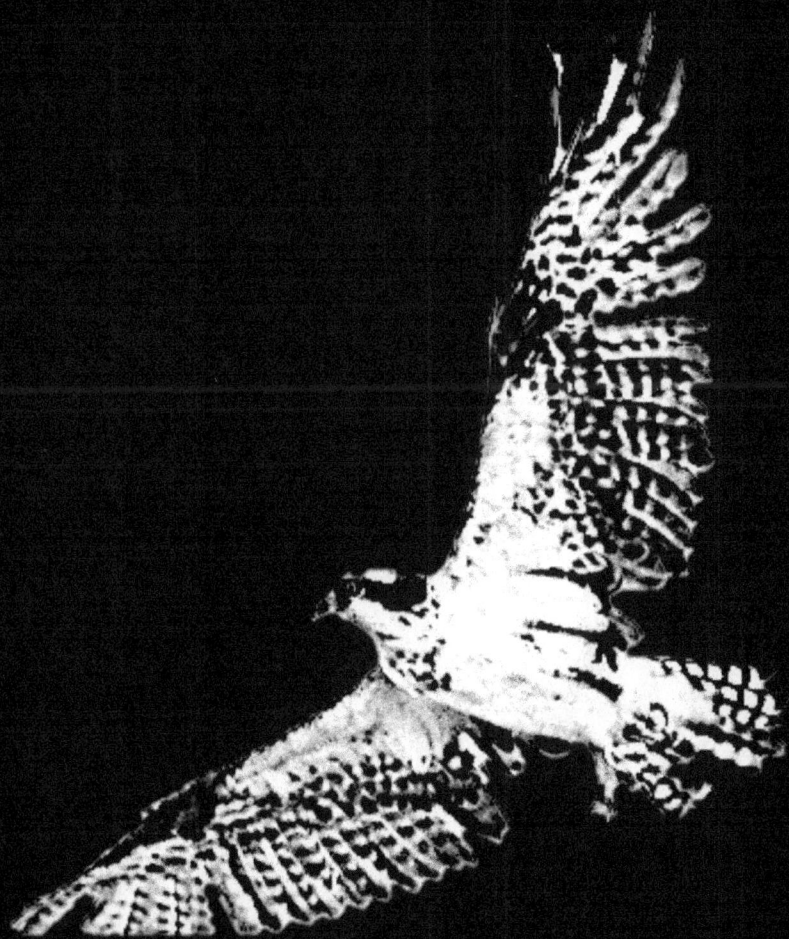

A mi amadísima amiga, Gioconda Belli.

To my dearest friend, Gioconda Belli.

PRÓLOGO

El canto de los pájaros traduce un imaginario poético compartido entre la naturaleza, la condición humana y el cosmos. La luminosidad de los astros llueve debajo de los corales y se eleva en el canto de las ballenas a tocar las alas de lo divino.

El canto de los pájaros es inmortal, como la verdad, capaz de transformarse en ángeles y constelaciones para llenar los agujeros negros del firmamento con rosas, sonidos y los colores de los impresionistas.

El canto de los pájaros descubre la vida eterna de los sueños, la música del arpa y la Vía Láctea, enfrentando la palabra "guerra" con poesía dulcemente orgullosa y testaruda, capaz de reconocer la verdad del dolor y la miseria inacabables como el sufrimiento de Sísifo y Prometeo, como la luz perpetua del sol.

El canto de los pájaros es una confesión luminosa de la naturaleza cruel, de la oscuridad y del caos. La voz poética nace en una montaña mágica nicaragüense. Al lamentar las crueldades de la desmemoria, la miseria y la traición de los sueños, es capaz de tornar lo horrendo en belleza en la vida de un gorrión sin zapatos, en una rosa que nace en la roca.

PROLOGUE

Birdsong translates a poetic imaginary shared between nature, the human condition, and the cosmos. The luminosity of stars rains under coral reefs to rise in whale song and touch the wings of the divine.

Birdsong is immortal, like truth, capable of transforming into angels and constellations to fill black holes in the firmament with roses, sounds, and the colors of impressionist artists.

Birdsong reveals the eternal life of dreams, harp music, and the Milky Way. It confronts the word "war" with poetry, sweetly proud and stubborn, capable of recognizing truth in pain and suffering as endless as the punishment of Sisyphus and Prometheus, as the eternal light of the sun.

Birdsong is a luminous confession of cruel nature, darkness, and chaos. The poetic voice is born from a magical Nicaraguan mountain. In lamenting the cruelty of forgetting, suffering, and the betrayal of dreams, it has the power to turn horror into beauty in the life of a barefoot sparrow, in a rose that grows from rock.

El canto de los pájaros habita el árbol de la vida infinito y en el color de las aves renace el paraíso, su lujuria, la belleza.

STACEY ALBA SKAR-HAWKINS

Birdsong inhabits the infinite tree of life, and paradise is reborn in the lavish color of birds, in beauty.

STACEY ALBA SKAR-HAWKINS

EL CANTO DE LAS BALLENAS

Cuando salgo tengo miedo de no saber cómo
        volver a casa,
de ser un lirio entre las espinas,
de ser un pájaro que lucha contra
        las tempestades.
Pero las ballenas cantarán para mí
para que no pierda el camino
y harán que mi vejez sea menos cruel.
Les confieso que el canto de las ballenas tiene
más dulzura que el canto de las sirenas.
Su canto me transforma en
        un viejo infantil
que sueña que dormido alcanza un venado
y borra el dolor de vivir.

WHALE SONG

When I go out, I fear I will forget
      my way home,
that I will be a lily among thorns,
that I will be a bird tossed about by
      storms.
But whales will sing for me
so that I do not lose my way
making old age less cruel.
I must confess that whale song is
sweeter than siren song.
Their singing transforms me into
      an elderly infant
who dreams of touching a deer in my sleep
quelling life's pain.

CUANDO YO NACÍ
YA NO EXISTÍAN LOS DRAGONES

Ya están vencidos mi valor y mi pensamiento,
ardo sin consumirme, desolado en el mar.
Soy un hombre de hojalata boqueando lirios
y rosas dementes en un mundo mágico
y pequeño.
Cuando yo nací ya no existían los dragones
ni sus jinetes,
solo quedaba el filo de la locura.
Salí a rodar fortuna con los bolsillos llenos de
almendras, poemas y rones, viviendo el día,
sin ganas de acumular recuerdos,
viendo sin ver, oyendo sin oír,
con amores perecederos
y con la belleza de un lirio.

THERE WERE NO DRAGONS WHEN I WAS BORN

My courage and thought have been vanquished,
burning for eternity, I am lost at sea.
I am a tinman spewing lilies
and nonsensical roses in a magical
diminutive world.
There were no dragons when I was born
no dragon slayers,
nothing but the blade of madness.
I cast my fortune with my pockets full of
almonds, poems, and rum, living for the day,
not looking to make memories,
looking without seeing, hearing without listening,
with fleeting passions
and the beauty of a lily.

¿QUIÉN SE ACORDARÁ DE MI CUANDO MUERA?

¿Quién se acordará de mi cuando muera?
¿Quién se acuerda de mí ahora,
de esta geografía del espejismo?
Ya me arrancaron el corazón,
rompieron mis poemas,
traicionaron mis sueños.
Solo sé que amé y creí en el amor.
Pero el amor no sobrevive.

WHO WILL REMEMBER ME
WHEN I DIE?

Who will remember me when I die?
Who remembers me now,
this geography of delusion?
They already ripped out my heart,
shredded my poems,
shattered my dreams.
All I know is that I loved, and I believed in love.
But love does not survive.

AMÉ LA VIDA SIN CONOCERLA

Amé la vida sin conocerla,
la vida me amó sin conocerme.
Crueldad, hiel, olvido.
Y ahora, ¿quién soy yo?
¿Fueron alegres mis temores?
Mis lágrimas, mis soledades,
el tedio,
la insolencia del mundo,
la insolencia de la juventud.
Soy transeúnte día tras día
y en cada yo que tengo.
Respiro desaliñado,
vivo la impureza.
¿Cómo puedo estar contento
si nadie lee mis poemas
y nadie me ama?

I LOVED LIFE WITHOUT LIVING

I loved life without really living,
life loved me without ever knowing me.
Cruelty, bitterness, neglect.
And now, who am I?
Were my fears ever happy?
My tears, my solitude,
tedium,
the insolence of the world,
the insolence of youth.
I observe each day slip by
each version of myself.
I breathe with indifference
I live half-heartedly.
How can I be joyful
if no one reads my poems
And no one loves me?

YA NO SÉ
SI DORMIR O MORIR

Ya no sé si dormir o morir,
sí soñar o soñar que muero.
Me siento extenuado.
Me extingo como el coral del caribe,
veo cosas que nadie ve,
oigo en la noche callada.'
¿Quién me llama en la bruma?
No sé explicar quién soy,
ya no me queda magia,
el mundo es un truco,
yo no elegí estar en lo profundo.
Nadie puede creer cuando me ve
que ya me morí.

I NO LONGER KNOW WHETHER TO SLEEP OR DIE

I no longer know whether to sleep or die,
to dream or dream my own death.
I feel drained.
I am vanishing like Caribbean coral,
I see things no one else sees,
I hear things in the silence of night.
Who beckons to me through the fog?
I cannot explain who I am,
there is no more magic,
the world is a ruse,
I never asked to be so low.
No one who sees me can believe
that I am already dead.

LOS ÁNGELES, LOS DELFINES
Y LAS BALLENAS

Los ángeles,
los delfines y las ballenas oyen la música
con todo su cuerpo,
saben oír el fandango de las golondrinas
deslumbradas por la belleza de la noche,
no conocen la lujuria, la avaricia, la gula,
viven lo esencial del caos del amor, del placer,
del llanto,
no conocen las ideas, solo los pensamientos
no conocen el miedo,
y navegan el mar infinito
          sin brújula ni astrolabio.

ANGELS, DOLPHINS
AND WHALES

Angels,
dolphins and whales hear music
with their entire body,
they can hear the churring of swallows
blinded by night's beauty,
they have no knowledge of lust, greed, gluttony,
they live the essence of chaos of love, pleasure,
weeping,
oblivious to ideas, only thoughts
they know no fear,
and they navigate the open sea
   with no compass or ancient astrolabe.

ODISEO EN GRANADA NICARAGUA

Odiseo era un dinosaurio que teníamos
      en la casa
y desayunaba todos los lunes con nosotros.
Callado, ensimismado, reflexivo,
      joven, antiguo,
era feliz oyendo poemas y
      a Juan Sebastián Bach
y con 374 años de vida conociendo
      la naturaleza humana.
Tenía hijos en Bengala, en el
      valle glaciar de Pamir,
en Anatolia, en Ítaca.
Hablaba todos los idiomas y dialectos del
      mundo.
Aspiraba a morder las cuerdas en
      el truco del sueño,
y hacer música entre las hojas
      en una luz brumosa;
gozaba viendo crecer hongos salvajes,
con la naturalidad y belleza de las
      raíces de los árboles,
de las aves, del mar,
y aborrecía el hormigón n gris de las ciudades.
Un día Odiseo alzó el vuelo
      y no regresó jamás.

ODYSSEUS IN GRANADA NICARAGUA

Odysseus was the name of a dinosaur that lived
      in our house
and ate breakfast with us every morning.
Quiet, reserved, thoughtful,
      at once young and ancient,
he was content to hear poems and
      Juan Sebastian Bach
and at 374 years of age, he understood
      human nature.
He had children in Bengal, in the
      Great Pamir valley,
in Anatolia, in Ithaca.
He spoke every language and dialect in the
      world.
He plotted feigning sleep to chew through
      his ropes
and make music among leaves
      in the mist;
he enjoyed watching wild mushrooms grow,
as naturally and beautifully as
      tree roots,
birds, and the sea,
and he loathed cities' gray concrete.
One day Odysseus took flight
      and never returned.

LLUEVE

Hoy llueven en el cielo deseos salvajes,
llueve la belleza de las llamas en el agua
debajo de los corales,
llueve un racimo de furias amarillas
con manchas rojas,
me llueve una vejez celestial
mientras cruzo el Himalaya en una canoa
sin remos

RAINING

Unbridled desire rains from the sky today,
beautiful flames rain over the sea
under coral reefs,
it is raining yellow Furies.
stained red,
An ancient cosmos rains over me
as I traverse the Himalayas in a canoe
without oars

TOCAR TUS ALAS

El hombre debe ser capaz de tocar lo divino
y deshojar el cuerpo inasible de la luz,
tocar tus alas;
ponerles al cielo y a tu cuerpo el nombre
que les puse
en una ventana angelical iluminada.
¿Cuál es el propósito del universo insolente?
Sin preocuparse del azul celeste
las bailarinas discuten si el amor se escurre
como arena,
como la desembocadura del foso de las lunas,
si en un carromato caben
        Picasso y Matisse,
una guitarra destrozada
cuando hacemos nuestro infierno y nuestro cielo
y el amor se oculta bajo las rosas.

TO TOUCH YOUR WINGS

Mankind should be able to touch the divine
and reveal light's intangible body,
to touch your wings;
and place them in heaven and on your body
my name for them
in an angelical illuminated window.
What is the purpose of the insolent universe?
Ignoring the celestial blue
dancers argue whether love drifts away
like sand,
like moats on moons,
whether there is room for both
      Picasso and Matisse,
a broken guitar
when we make our heaven and our hell
and love lies hidden under roses.

LOS RUISEÑORES EN EL AZUL DEL CIELO

El ruiseñor le canta al gobernador de los cielos
desde unas ramas celestes que hay entre las
      estrellas
que son tizón, hogueras, luciérnagas gigantes,
brasas ardiendo y son novias de los ruiseñores
que fueron los que pintaron de azul la noche.
Dice el gobernador de los cielos
que los astros no son libres
      en lo que es sin fin,
que tienen una ruta inalterable en el tiempo,
que la vía láctea es un delirio, leche derramada.
Los astros están hechos para estar vivos,
los meteoros son animales salvajes
con los colores luminosos deslumbrantes
      de la magia primitiva.
Dice John Keats que el ruiseñor
      no conoce la muerte,
que es un pájaro inmortal.

NIGHTINGALES IN THE BLUE SKY

The nightingale sings to the ruler of heaven
from celestial boughs among
        stars
that are bonfires, pyres, giant fireflies,
burning embers and the nightingales' brides
the ones who painted night blue.
The ruler of heaven says
celestial bodies are not free
        to choose their destiny,
that their path is fixed in time,
that the milky way is delirium, spilt milk.
Celestial bodies are made to be alive,
meteors wild animals the luminous
dazzling colors
        of primitive magic.
John Keats says that the nightingale
        never dies,
that it is an immortal bird.

LOS LEOPARDOS, LAS ESTRELLAS, TU Y YO

A mi amiga Elena Poniatowska
en sus primeros 90

Vuela ángel mío,
vuela y dime para qué es la vida,
para qué son las montañas de flores,
los frutos y las mariposas.
Háblame de cuando los leopardos
saltan sobre las estrellas
para modelar las constelaciones
y propician que en la tierra nazcan las orquídeas.
Vuela ángel mío,
vuela y dime las profecías
que hablan de que tú y yo
            montamos los leopardos
para saltar sobre las estrellas y alinearlas
y crear las correlaciones.

LEOPARDS, STARS, YOU AND I

To my friend Elena Poniatowska
at 90

Fly my angel,
fly and tell me the meaning of life,
the meaning of mountains of flowers,
fruits and butterflies.
Tell me stories about leopards
leaping over stars
to form heavenly bodies
the origin of orchids blooming on earth.
Fly my angel,
fly and tell me prophecies
that say how you and I
      ride leopards
to leap over stars and align them
to create heavenly bodies.

HAY UN UNIVERSO INALCANZABLE
QUE COMIENZA CADA DÍA

Hay un hueco debajo del vuelo de los pájaros
que quiero llenar con el sonido
de los agujeros negros del firmamento,
con rosas equivocadas
y los colores que usaron los impresionistas.
Esos colores con mis rosas equivocadas
nacen todos los días en un cielo nuevo,
en el infinito recién expandido que
       no imaginó Homero,
que no vieron William Butler Yeats
       ni Ezra Pound.
Hay un universo inalcanzable que comienza
       cada día,
allí hay mucha soledad,
allí está el principio de la fantasía.

AN UNATTAINABLE UNIVERSE
DAWNS EACH DAY

There lies an emptiness under bird wings
that I wish to imbue with the sound
of black holes in the firmament,
of wayward roses
and the colors of impressionist artists.
Those colors and my wayward roses
appear each day on a new horizon,
in the recently expanded infinite that
        Homer never imagined,
that William Butler Yeats and
        Ezra Pound never viewed.
An unattainable universe dawns
        each day,
it is full of solitude,
it is the origin of fantasy.

MI BELLA ROSA CRUEL

Mi bella rosa cruel
que no logra sacarme de la bruma.
Mi vida irreparable no tiene luz.
Ciego, no pienso bien
       y se me escapa la letra.
Solo soy un testigo de mí.
Con todo, te amo.
Esta ficción que soy
te ama y te escribe versos.
Mi bella rosa cruel,
que no le das cabida a ningún pensamiento más
en mi cabeza.

MY BEAUTIFUL CRUEL ROSE

My beautiful cruel rose
unable to lead me out of the fog.
My irreparable life is in darkness.
Blind, I am unable to think,
          and language escapes me.
I am merely a witness to myself.
In the end, I love you.
This fiction that is who I am
loves you and writes verses for you.
My beautiful cruel rose,
you leave no room for any other thought
in my head.

CONFESIÓN LUMINOSA

Deslumbrado por la imaginación del universo
de la naturaleza animal y vegetal de la tierra,
de este suburbio miserable del universo,
de este montón de veranos nacidos
        rotos por dentro,
de esta montaña de oscuridad,
de este orden y de este caos,
confieso que he conocido la belleza.

LUMINOUS CONFESSION

Bedazzled at the universe imagined
in earth's animal and vegetable nature
in this miserable fringe of the universe,
in so many summers
      shattered from within,
in this mountain of darkness,
in this order and this chaos,
I confess that I have known beauty.

EL OJO DE LA CERRADURA

El ojo de la cerradura ve a
      Las Señoritas de Avignon,
las puertas del infierno de Rodin,
las nubes de polvo naranja en las uñas de Klimt.
Miguel Ángel debió pintar la
      Virgen de las Constelaciones,
a mi padre en mis ojos
cruzándome destellos y fuegos,
a mi madre, bella como una amapola,
como una rosa mística
que me enseñó a dormir el corazón,
y me decía: cuando haya una tormenta, respira,
no pierdas el aliento de la Vía Láctea.

PEEPHOLE

The peephole eyes
          The Young Ladies of Avignon
The Gates of Hell by Rodin,
clouds of orange dust on Klimt's fingers.
Michelangelo should have painted the
          Virgin of the Constellations,
my father in my pupils
twinkling and glowing at me
my mother, as beautiful as a poppy,
as a mystical rose
who taught me to quiet my heart,
and told me: when it is storming, breath,
do not lose sight of the Milky Way.

MI VIDA EN MIS SUEÑOS

Oro y nácar,
figuras de dioses y animales,
leones alados,
demonios invisibles en alto relieve.
Mi arpa, mi casco de oro para proteger
      mis pensamientos;
para encerrar mis pensamientos,
      la música del arpa.
Todo está conmigo en mi muerte.
Todo me llevo,
mi amor está a mi lado.
Ella quiere morir conmigo
para que yo viva la vida eterna dentro de ella.

MY LIFE IN MY DREAMS

Gold and mother of pearl
images of gods and animals
winged lions
invisible demons in high relief.
My harp, my golden helmet to protect my
       thoughts;
to hold my thoughts,
       the harp's song.
I carry all of this to my death.
I am taking it all with me,
my love is here with me.
She wants to die with me
for me to live eternal life in her.

EN MEDIO DEL CAMINO
ENTRE LA TIERRA Y EL INFIERNO

En el camino entre la tierra y el infierno,
entre la tragedia y la comedia,
cocodrilos furiosos rompen el cascarón
y salen volando.
La vida es perfecta llena de imperfecciones.
El viejo Ford siempre arranca
y nos deja un príncipe
que prefiere ser temido que amado,
con unos altos árboles de hielo
sin el secreto de la pasión.
Aquí un pensamiento de amor
se paga con prisión;
pensar, por ejemplo:
¿Cómo serían hoy tus rizos dorados
iluminados por la luna?

ON THE ROAD
BETWEEN EARTH AND HELL

On the road between earth and hell
between tragedy and comedy,
furious crocodiles break out of their shell
and fly away.
Life is perfectly full of imperfections.
The old Ford always starts
and gives us a prince
who would rather be feared than loved,
with tall trees of ice
lacking passion's secret.
Here a mere loving thought
lands you in prison;
thinking, for example:
How would your golden locks look tonight
illuminated by moonglow?

CANTO DE LA SOLEDAD

Ahora hay un desierto espiritual,
ya no hay tratos con el cielo.
El viejo Dios ya no habla de Michelangelo
        con nadie,
guerra es la palabra
        que tienen los jóvenes en la boca.
Las ilusiones, el crepúsculo,
Homero y Keats son baleados como palomas,
misteriosamente agresivos
porque las lilas
no revientan con la hierba
frente a la puerta trasera de sus casas.
Serena, ingeniosa, femenina,
Dulcemente orgullosa y testaruda
la poesía vendrá a mí
antes de los grandes deshielos de la Antártida,
antes de que los bosques queden
como una sabana yerma.

SONG OF SOLITUDE

There is a spiritual desert now,
there is no connection to heaven.
The old God no longer speaks of Michelangelo
        to anyone,
war is the word
        on youthful tongues.
Illusion, sunset,
Homer and Keats are shot like pigeons,
inexplicable aggression,
because lilies
don't explode in the grass
at the back doors of homes.
Serene, ingenious, feminine,
Sweetly proud and stubborn
poetry will find me
before the great melting of Antarctica,
before forests become
a deserted wasteland.

CNEO POMPEYO GRANDE PENSANDO EN CAYO JULIO CÉSAR

Con la fuerza de una tormenta enfurecida,
de un cielo inagotable,
de leones, toros salvajes y dragones,
de una serpiente azul aterradora
así quiero tu muerte.

POMPEY THE GREAT
ON THE FALL OF JULIUS CAESAR

With the power of a violent storm,
a relentless sky,
lions, wild bulls and dragons,
a terrifying blue serpent,
that is my wish for your death.

EL AMOR ES UN CRIMEN

Aceptar la vida,
el miedo irracional,
la muerte.
Todo como la puesta en escena de un crimen.
Debo poner en orden mis culpas,
mis impaciencias,
mis instintos.
Sí, he amado;
sí, he traicionado.
La vida me dio la magia de amar,
la perfección de la belleza,
la liturgia de la tempestad
y la ternura.
No sé si esta escena del crimen
me ha preparado para cruzar
a la otra orilla.

LOVE IS A CRIME

To accept life,
irrational fear,
death.
Like the scene of a crime.
I have to get my guilt in order,
my impatience,
my impulses.
Yes, I have loved;
yes, I have lied.
Life gave me magic for love,
beauty's perfection,
the tempest's liturgy,
and tenderness.
I question whether this scene of the crime
has prepared me to cross
to the other side.

YA DESPIERTO ME DOY CUENTA

Ya despierto me doy cuenta
que cuando me dormí, me morí,
dejé de existir,
pudieron llorarme y cremarme.
Dormirme me llevó a la nada,
a no ser ni estar,
a solo ser un recuerdo de otros.

NOW AWAKE I KNOW

Now awake I know
that when I fell asleep, I died,
I ceased to exist,
they wept and cremated me,
From sleep to nothingness,
to neither exist nor feel,
to be nothing more than a memory.

¿LA VERDAD O LA MENTIRA?

Todos los días
empujo la piedra de Sísifo hasta la cima,
todos los días los buitres de Prometeo
      se comen mis vísceras,
todos los días muero y me doy cuenta
de quiénes me amaron.
El dolor de estar vivo en la noche encendida.
¿Puede el hombre separarse del muro sombrío,
de la mentira que tejió el cielo y el infierno?
Dice la mentira que fuimos expulsados
del paraíso terrenal,
dice la verdad que la evolución
      del dolor y la miseria
no acabará nunca
como la luz perpetua del sol,
como los castigos
      de Sísifo y Prometeo.

TRUTH OR LIE?

Each day
I roll Sisyphus' boulder up the hill,
each day Prometheus' vultures
          devour my liver,
Each day I die and I recognize
those who loved me.
The pain of being alive on a burning night.
Can man ever get past the sorrowful divide,
the lie that spun heaven and hell?
The lie says that we were banished
from earthly paradise,
in truth
          pain and suffering
will never cease
like the eternal light of the sun,
like the punishment
          of Sisyphus and Prometheus.

CUANDO LA LUNA EMPUJA A LA TIERRA

Cuando la luna empuja a la tierra
se mueven las placas del subsuelo,
se abre el piso de la tierra y del mar,
se hunden los árboles,
las casas y la gente,
se parten las carreteras,
la esperanza y el miedo se ahogan
en un mar sin fondo.
El hombre entonces
está diseñado para volverse loco,
es un animal
con el instinto acorralado por la naturaleza,
Lot en Gomorra defendiéndose de Dios.

WHEN THE MOON TUGS AT EARTH

When the moon tugs at earth
it causes a tectonic shift,
soil and seabed split open,
tumbling trees,
houses and humans,
highways collapse,
hope and fear drown
in a bottomless sea.
In this way man
was destined for madness,
an animal
with instinct trapped by nature,
Lot in Gomorrah defending himself from God.

EN NICARAGUA UN MAR SE MARCHITÓ

Se marchitó el mar, los corales,
         los caballos marinos.
El mar traicionó sus sueños,
igual que El Príncipe, no busca que lo amen,
busca que le teman.
Las begonias tienen los ojos húmedos como
         melocotones,
tienen la espalda contra la pared.
El mar sin sueños no tiene arenas blancas,
tiene su alma desnuda manchada de sangre
y ya marchito se secó.

A Shrinking Sea in Nicaragua

The sea is withering, coral,
        seahorses.
The sea betrayed its dreams,
just as The Prince, not seeking to be loved,
but to be feared.
Begonia eyes hold dew like
        peaches,
back against the wall.
The sea devoid of dreams has no white sand,
its naked soul is stained in blood
now withered and dry.

AMO EL ENCENDIDO ORO DE TUS SUEÑOS

Un acercamiento muy lento de tus manos,
a mí, que soy un boceto abandonado,
hecho de letras y pasiones púrpuras.
Me has tocado haciéndome tu virtud
para que ame el encendido oro de tus sueños.
Soy aventurero de amores
que te abre un mar con leopardos
disfrazados de gaviotas.
Como el primer día,
        tengo un corazón impaciente
y un taburete para sentarte en la sombra
mientras te hago un poema y te lo leo.

I LOVE YOUR FIERY GOLD DREAMS

Your hands slowly reach forward,
towards me, an abandoned sketch,
made of letters and purple passions.
You have touched me with your virtue
so that I will love your fiery gold dreams.
I am adventurous in love
offering you a sea of leopards
disguised as seagulls.
Just as that first day,
        I have an impulsive heart
and a bench for you to rest in the shade
while I write you a poem and read it to you.

CUANDO FORJÁBAMOS EL SUEÑO

Tengo muchos pantanos en la memoria.
Ahora la ciudad está destruida,
el fuego se comió el adobe,
 el talquezal,
las calles angostas,
la luna roja del presagio.
Era fácil conocer y amar esa ciudad,
las parejas besándose en las calles,
las cafeterías de los poetas,
los pintores,
las musas atrevidas,
las hippies haciendo el amor y no la guerra,
la revolución,
la clandestinidad.
Se me queda pegada en la memoria
          como un humedal,
como una montaña mágica nicaragüense
llena de luciérnagas,
como una primavera de vino,
rosas, dolor y miserias.

When We Were Building The Dream

My memory is mired in mud.
The city now lies in ruins,
fire devoured the adobe,
the taquezal buildings,
the narrow streets,
the blood moon of foreboding.
It was easy to know and love this city,
couples kissing in the streets,
cafes with poets,
artists,
audacious muses,
hippies making love not war,
revolution,
the underground.
It all floods my memory
           like a swamp,
like a magical Nicaraguan mountain
alight with fireflies,
like a spring full of wine,
roses, suffering, and pain.

¿EL HOMBRE CREÓ A DIOS?

¿El hombre creó a Dios
cuando se sintió pequeño
en la noche callada
con el miedo
        a los enormes animales devorándolo
con el hocico inmenso,
con una selva salvaje
        de un principio interminable,
un cielo lleno de luces con
        misteriosos mensajes inexplicables?
Pero permítanme hacer otras preguntas:
¿El hombre creó a Dios antes de conocer el
        fuego?
Cuando muera,
        ¿podré habitar una rosa mística?

DID MAN CREATE GOD?

Did man create God
when he realized his smallness
in the silence of night
fearful
       of being devoured by giant animals
with their huge snouts,
in a wild jungle with
       no discernable beginning,
and a sky glittering with
       inexplicable mysterious messages?
But allow me to ask other questions:
Did man create God before discovering
       fire?
When I die,
       will I be able to live in the mystical rose?

EL ARCO CELESTE
INDOMABLE DE TU PIE

El arco celeste indomable de tu pie
que se planta alado sin sandalia sobre mi sueño.
¿Será que me tienes con ternura
        bajo tu piel,
con humo y pájaros en los caminos del mar,
en las montañas azules,
que tornan lo horrendo en belleza?

THE INDOMITABLE CELESTIAL
ARCH OF YOUR FOOT

The indomitable celestial arch of your foot
alights barefoot on my dream.
Could you be holding me tenderly
          under your skin,
with a smokescreen and birds beside the sea,
or in blue mountains,
turning horror into beauty?

ALLÍ ESTÁ ELLA

Allí está ella,
alta reina, soberana del paraíso
viendo crecer flores en la cabeza de su ángel,
al zanate negro brillante tornasol
en la arenisca verde
metiendo su pico en un mundo nuevo e infeliz.

THERE SHE STANDS

There she stands,
tall monarch, queen of paradise
watching flowers grow on the head of her angel,
the iridescent melodious blackbird
on green sandstone
opening its beak to a sorrowful new world.

MIS PRIMEROS GRANDES AMORES

La verdad es maculada,
amenaza con lluvia.
La verdad te entierra vivo en el naufragio de la
     nieve.
Para mí la única verdad es mi imaginación.
Me gusta la sinrazón de Don Quijote,
la de la memoria quebrada,
sin lámpara de humo.
Yo siempre he tenido una licencia de amar
en un mundo sin palabras
donde me hieren en la inocencia.
Nadie sale ileso del amor.
Cuando era niño me enamoré
     de Lorena Arguello,
pegábamos carreras en el colegio
     sin saber porqué
y buscábamos estar juntos en los pupitres,
     en las filas,
y nos tirábamos besitos y
     adioses tristes.
Ya grande me enamoré como un desquiciado
de Michele Filleau,
de Celina Esquivel;
ellas fueron mis dulces enemigas, mis Dulcineas.
Todavía se me ven las cicatrices en la memoria,
la sangre constante coagulada.

MY FIRST TRUE LOVES

Truth is cloudy,
threatening rain.
Truth buries you alive in an avalanche of
        snow.
Imagination is the only truth I know.
I like Don Quijote's lack of reason,
selective memory,
and no magic lamp.
I have always held a license to love
in a world without words
wounded in innocence.
No one escapes love unharmed.
As a young boy, I was in love
        with Lorena Arguello,
we used to race each other after school
        without knowing why
and we tried to be next to each other in class
        or lining up,
and we blew kisses and
        sad goodbyes to each other.
When I was older, I fell head over heels
for Michele Filleau,
for Celian Esquivel;
they were my sweet enemies, my Dulcineas.
My memory still bears the scars,
forever blood-curdling.

Vivir con imaginación
       te abre el cielo y el infierno,
te hace alcaraván tuerto
       y ave migratoria
pero nadie me quita lo bailado.

Living with imagination
        exposes you to both heaven and hell,
turning you into a one-eyed heron and
        a migratory bird but no one can take
from me the life I lived.

MI GRANADA DE NICARAGUA

La vida, así como la vivimos
es la de un gorrión sin zapatos
en una ciudad con hombres deshabitados.
Parece que todos se pusieron
        el corazón como un sombrero
y el viento se los quitó.
Aquí el mundo es una manchada esfera.
Aquí nadie conoce el valor de las palabras,
no hay bares ni cafeterías de poetas, ni teatros,
Ahora Granada es un asilo de pájaros sin color.
Aquí el jaguar se comía la luna
        todas las mañanas
y Carlos Martínez Rivas escribió
        La Insurrección Solitaria,
Ernesto Cardenal escribió su poema a
        Marilyn Monroe,
Joaquín Pasos escribió
        Canto de Guerra de las Cosas,
Enrique Fernández el Soneto para Bien Morir,
Pablo Antonio El Jaguar y la Luna,
Mejía Sánchez Contemplaciones Europeas
José Coronel Rápido Tránsito.
Por aquí pasaban nubes de elefantes,
vientos y aves del paraíso.

MY GRANADA, NICARAGUA

We are living life now
like a barefoot sparrow
in a city full of empty men.
It is as if they all wore
        their heart as a hat
to be taken by the wind.
Here the world is a darkened sphere.
Here no one recognizes the value of words,
there are no bars or cafés or poets, no theaters,
Granada is now home to colorless birds.
Here the jaguar once devoured the moon
        each morning
and Carlos Martínez Rivas wrote
        La Insurrección Solitaria,
Ernesto Cardenal wrote his poem for
        Marilyn Monroe,
Joaquín Pasos wrote
        Canto de Guerra de las Cosas,
Enrique Fernández his Soneto para Bien Morir,
Pablo Antonio El Jaguar y la Luna,
Mejía Sánchez Contemplaciones Europeas
José Coronel Rápido Tránsito.
Clouds of elephants used to pass through here,
breezes and birds of paradise.

OH, ALMA MÍA, ¿VALE LA PENA VIVIR?

Oh, alma mía, ¿vale la pena vivir?
¿Para qué sufrir inútilmente?
Yo pedí tener una estrella en la mano
       y una aurora
y me dieron un barco sin remos,
un camino ciego al borde.
¿Y si la muerte es una traición a la vida?
Un gorrión alza el vuelo
y deja un cuerpo derrotado.
Todas las aves son almas con el color de su
       belleza,
y el color de la inutilidad de repetir lo inútil.

OH, MY SOUL, IS LIFE WORTH LIVING?

Oh, my soul, is life worth living?
What is the point of useless suffering?
I asked for a star to hold a
       nd an aurora
and they gave me a boat without oars,
on the verge of blindness.
And what if death is a betrayal of life?
A sparrow takes flight
leaving behind a worn-out body.
All birds are souls the color of their
       beauty,
And the color of uselessness of repeating futility.

LAS ÍNFIMAS PARTÍCULAS

La rosa nace en la roca,
en la ciénaga
junto a los aguacates y la zarigüeya.
Y todos son una ínfima partícula del mundo,
así como el mar
es una ínfima partícula del universo,
y nuestro planeta
es una ínfima partícula del infinito,
y el infinito y mi dulce amor a la muerte
son una ínfima partícula de Dios.

MINISCULE PARTICLES

The rose grows from rock,
in the marsh
beside avocados and opossums.
Each one is a miniscule particle of the world,
just as the ocean
is a miniscule particle of the universe,
and our planet
is a miniscule particle of infinity,
and infinity and my sweet love of death
are a miniscule particle of God.

GRANADA TUVO UN TRANVÍA

Granada tuvo un tranvía
que llegaba al sol de la noche,
a la imagen del cielo,
subía los manantiales del mar celeste
viendo con los ojos de los ángeles.
Granada tenía un tranvía
que llegaba a la luna blanca
que cuida los sueños todas las noches,
al solsticio de invierno
y al solsticio de verano.
Mi ciudad tuvo un tranvía
que acabó como chatarra
en una casa de zinc al final de La Calzada
junto al gran lago del olvido.

GRANADA HAD A RAILCAR

Granada had a railcar
that stopped at the midnight sun,
at the image of heaven,
it climbed waterfalls in the celestial sea
guided by angels' eyes.
Granada had a railcar
that stopped at the white moon
it watched over nightly dreams,
the winter solstice
the summer solstice.
My city had a railcar
that was left to rust
at a zinc house at the end of La Calzada street
beside the great lake of forgetting.

EL ÁRBOL DE LA VIDA ES INFINITO

El árbol de la vida es infinito.
Está encadenado al universo,
a las flores del mal
y al matrimonio del cielo y del infierno.
Allí es donde arde el mar,
la belleza y la desdicha,
Baudelaire y Blake
con las alas gigantes de los albatros heridos.
Dios destruyó el paraíso
pero nos quedamos con el color de las aves,
con la belleza y el pecado original.
Dios destruyó el paraíso,
pero el paraíso renació.

THE TREE OF LIFE IS INFINITE

The tree of life is infinite.
It is embedded in the universe,
in the flowers of evil
and the marriage between heaven and hell.
The sea burns there,
beauty and misfortune,
Baudelaire and Blake
on giant wings of wounded albatrosses.
God destroyed paradise
but we still have the colors of birds,
beauty, and original sin.
God destroyed paradise,
but paradise was regained.

UN FUEGO CARMESÍ

Quiero convertirme en estrella,
en vellón de oro,
en agua nueva para ti
que eres mi pan y mi vino
que mueve montañas.
Los dos seremos consumidos
por el fuego carmesí
que tienen los ángeles en los ojos.
Ellos provocan las expresiones feroces de la
        naturaleza
y la dulzura de la muerte.

CRIMSON FIRE

I want to become a star,
golden fleece,
fresh water for you
my bread and my wine
to move mountains.
We will both be consumed
by the crimson fire
that burns in the eyes of angels.
They are the ones who unleash the forces of
           nature
and the sweetness of death.

LA BELLEZA

En lo profundo del mar
froté una vieja lámpara
para ver la lluvia en medio del desierto,
para que el cielo sea mi imaginación
y celebrar la prudencia del sol.
No quiero que aparezcan las aves de repente
y cieguen mis ojos que no conocen la belleza.
Ella también se me ha negado en los sueños.

BEAUTY

In the ocean depths
I rubbed an ancient lamp
to see rain in the heart of the desert
to make heaven the realm of my imagination
and to celebrate the wisdom of the sun.
I would not want birds to suddenly appear
blinding my eyes that have never seen beauty.
I have been forbidden from her, even in dreams.

EN TIEMPOS DE LA RAMA DORADA

En el tiempo de la rama dorada,
cuando aparecieron los grandes animales,
había orquídeas crueles y brutales,
eran indomables,
inconquistables como un ruiseñor.
Las algas cantaban
enamoradas del zinc, el cobre y el oro,
y yo, callado, íntimo, en el bosque oscuro
cuando los lobos merodean,
sabiendo que la vida mezcla el cian,
mezcla el verde y el azul,
mezcla el azul y el rojo,
y el amarillo y el rojo y el verde
para crear el color negro que lastima mi vida.

In The Age of the Golden Bough

In the age of the golden bough,
when large animals emerged,
orchids were ruthless and cruel,
and invincible,
untamable like a nightingale.
Seaweed sang
with love for zinc, copper, and gold,
while I, silent, hidden, in the dark forest
with prowling wolves,
with the knowledge that life mixes cyan,
green and blue,
blue and red,
and yellow and red and green
until it makes black to stain my life.

EL CANTO DE LOS TROVADORES

La princesa y el dragón
arden en la luz de la nieve.
En su infierno de cielo
un ángel del agua asciende el Tequendama.
¡Ay, los trovadores de Leonor de Aquitania!
Ellos decían que el hombre sin libertad
no canta la vida,
que ella es el ángel,
la luz de la nieve,
el infierno del cielo.

THE TROUBADOURS' SONG

The princess and the dragon
burn in the light of the snow.
In their heavenly hell
an angel ascends the Tequendama Falls.
Oh, the troubadours of Eleanor of Aquitaine!
They said that a man without freedom
cannot sing life,
that she is the angel,
the light of the snow
heavenly hell.

MALDICIÓN ANTIGUA

Debes saber, amada flor de
        claros jardines,
que la magia de las orquídeas
manchará los ojos
de quienes traicionan sus sueños,
que ellos vivirán sin vientos,
sin olas,
con el fantasma del mar,
que nadie podrá ocultarlos de los
        cuervos alados
ni del cataclismo del pozo de su mundo,
que ellos viven un alma inferior
y las flores no nacen en sus madrigueras.
Nadie le pide piedad al mar.

ANCIENT CURSE

You should know, beloved flower of
        sunny gardens,
that orchid magic
will blight the eyes
of those who betray their dreams,
that they will never feel a cool breeze
an ocean wave,
living with the ghost of the sea,
that no one will be able to protect them from
        winged crows
or the tragic pit of their world,
that they will live a lesser soul
and that flowers will not bloom around them.
No one begs the sea for mercy.

EL OLOR DE LOS NARANJOS

Mi abuela nos contaba que a ella le decían
que los balleneros del báltico aman el ámbar
y los perfumes místicos
(¿los dátiles del camino de Damasco?
¿el almizcle? ¿el incienso?)
pero a todos ellos les gustaría el olor de los
       naranjos.
Y nos llevaba a mi hermana Marimelda
      y a mí
al quiosco del primer patio de la casa
donde florecían los naranjos,
y decía aquí se instalaba la orquesta
en los saraos de los tiempones.
(la luna roja con aire antiguo en las balaustradas)
Aquí bailábamos en estos 4 corredores
los invitados, Fernando y yo.
Y se ponía a llorar mi pobre abuela Blanca Berta,
ya muy enferma, antes de morir.

THE SCENT OF ORANGES

My grandmother used to say that people told her
that whalers in the Baltic love amber
and mystical perfumes
(dates on the way to Damascus?
musk? incense?)
but that everyone liked the scent of
          oranges.
And she used to take my sister Marimelda
          and me
to the kiosk near the front patio of the house
where the orange trees were in bloom,
and she would tell us that the band would play here
during soirées in the old days
(the old-fashioned red moon on the balconies)
that we used to dance along these four hallways
the attendees, Fernando and I.
Then my poor grandmother, Blanca Berta,
would start to cry very ill then, before she died.

MI HERMANA MARIMELDA,
MI HERMANITA MEMEMA

Brinco al tejado y
        al cielo que nunca fue mío.
Ahora que moriste
quiero contemplar los tigres y
        jilgueros de mi alma,
ver temblar a las estrellas,
detener la luna para hacerte un collar
y decirle que te amé.
Toma mi dolor amada hermana
pero no te lleves mi corazón, mi relicario,
porque dentro de él estás tú, mi padre y mi madre.
Siempre vivimos en el valle de la luna
porque los dos quisimos tocar las estrellas.
¿Te acuerdas cuando niños
        llegábamos a Granada
y papá nos subía a sus hombros y
        corría por toda
la casa gritando que habíamos llegado?
¿Del gozo extremo de papá por enseñarnos la
        belleza?
¿De ese amor irrepetible que tanto necesitamos en
        nuestra vida?
No te has ido toda, amadísima Memema,
siempre vas a estar en mis sueños
y en todos mis desvelos.

MY SISTER MARIMELDA,
MY LITTLE SISTER MEMEMA

I jump to the rooftop,
          heaven always out of reach.
Now that you died
I want to contemplate the tigers and
          goldfinches within my soul,
gaze at twinkling stars,
capture the moon to make you a necklace
and tell you I loved you.
Take my pain, dear sister
but do not take my heart, my relic,
because I hold you there with father and mother.
We always lived in the valley of the moon
because we both tried to reach the stars.
Do you remember when
          we used to come to Granada as children
and father used to put us on his shoulders and
          run around
the house shouting that we had arrived?
Father's absolute joy showing us
          beauty?
That unconditional love we all need in
          life?
We have not lost you, my dearest Memema,
you will always be with me in my dreams
and on every sleepless night.

RETRATO DE FAMILIA

Quisiera ver la vida como si valiera la pena,
así como toco la tierra,
que es más antigua que los dioses,
pero veo la foto que
          nos tomó mi hija Gloria,
donde mi hijo Camilo me está rasurando la cabeza
porque estoy con cáncer,
botando el pelo por la quimioterapia.
Tengo una cara igualita a la de mi padre.
Vi su alma en la mía, derrotado,
con la tristeza original de una vida trunca.
Esa es la única foto donde me parezco a mi padre
cuando Mario Flores Ortiz le dio choques eléctricos
en el cerebro y le quitó la lucidez y la alegría
al poeta,
al pintor, al músico, al cantante,
al director de teatro, al coleccionista de arte,
al parrandero,
al habitante de los cinco continentes del arte,
al bohemio, al amante de la belleza.
En esa foto está mi padre poniendo su cara en la
          mía
añadiendo el troquel de su dulzura,
de su derrota y su tristeza
a mi cara con esa horrenda enfermedad.

FAMILY PORTRAIT

I would like to find some value in living,
like having my feet firmly planted on the ground,
more ancient than the gods,
but I see the photo of us that
            my daughter Gloria took,
where my son Camilo is shaving my head
because I have cancer,
losing my hair from chemotherapy.
My face looks just like my father's.
I saw his soul through mine, broken,
in the sadness that comes from a truncated life.
That is the only photo where I look like my father,
when Mario Flores Ortiz used electric shocks on
his brainand drained him of all lucidity and joy,
the poet,
painter, musician, singer,
theater director, art collector,
carouser,
resident of art's five continents,
bohemian, lover of beauty.
In that photo my father's face is transposed onto
            mine
adding his touch of tenderness,
his failure, and his sadness
on my face with that horrendous illness.

LA CASA VIEJA DE MI NIÑEZ

De la bella casa vieja de mi niñez no queda nada,
todo quedó allá lejos en los retratos amarillos,
en el fondo del osario,
en los bellísimos retratos de mis antepasados
pintados al óleo por don Toribio Jerez.
Mi madre dándome huevos crudos con gotas de
limón, de salsa inglesa, de salsa de tomate,
mis padres y mi abuela enferma llorando
por la muerte de mi hermanita Blanca Fernanda
de 8 meses y mi hermana y yo acostados en uno
de los 4 corredoresdibujando con lápices de
colores y después llorando por ver
llorar a mis padres.
Mi padre leyéndome poemas,
enseñándome a Fra Angelico,
a Mantegna, a Goya, a Velázquez,
contándome de su amor con mi madre
y el silbido que tenían para llamarse
cuando eran novios.
Todo quedó allá lejos
como el vuelo de los dinosaurios
y tan cerca y amado como mis sueños.

MY CHILDHOOD HOME

There is nothing left of my childhood home,
all that remains are yellowed portraits,
at the back of the ossuary,
beautiful portraits of my ancestors
in oil paintings by don Toribio Jerez.
My mother feeding me raw eggs with
lemon, Worcestershire sauce, tomato sauce,
my parents and my ailing grandmother weeping
after the deathof my little 8-month-old sister
Blanca Fernanda and my sister and I stretched
out in one of the four hallways drawing with
colored pencils and then crying because we saw
our parents crying.
My father reading me poems,
showing me Fra Angelico,
Mantegna, Goya, Valázquez,
telling me about when he fell in love with my mother
and how they would whistle to each other
when they were dating.
It feels like so distant
like when dinosaurs could fly
and yet it is as close and beloved as my dreams.

EL MILAGRO DE LA LUZ

¿Y si el sol no volviera a salir?
¿Si ya no hubiera luz?
¿Si solo conociéramos el relámpago
y la llama triste infinita del cirio?
He oído a los pájaros cantar bajo la lluvia
y los he visto por el milagro de la luz del día.

THE MIRACLE OF LIGHT

What if the sun never rose again?
What if there were no light?
What if we only had lightning
and the sad infinite flame of a votive candle?
I have heard birds sing in the rain
I saw them with the miracle of daylight.

REGALO DE NAVIDAD

Esta navidad
quiero regalarte un racimo de albas
y un nuevo camino de aguas,
de cedros y nubes,
poner en tu pelo una estrella de mar
y un aeropuerto de rosas,
llevarte a conocer la luz del invierno vivo
que incendió mi vida
cuando me deslumbro tu relámpago.

CHRISTMAS GIFT

This Christmas
I want to give you a bouquet of sunrises
and a new waterway,
with cedars and clouds,
I want to place a starfish in your hair
and give you an airfield of roses,
to take you to see the living winter light
that lit up my life
when your lightning bedazzled me.

AMO LAS ROSAS IGUAL QUE EL PRINCIPITO

Yo amo las rosas igual que el Principito
y amo las palomas celestes
con plumas largas de medusa del mar.
Confieso que no he olvidado
que soy un niño a mis 76,
que todo lo invisible lo veo con mi alma,
que conté las estrellas
y me hice amigo de ellas,
las visito, les leo mis poemas,
me cuentan sus alegrías
en sus viveros mágicos de luceros.
El cielo conoce la libertad indomable
y los amores de las rosas
y de las palomas celestes
de plumas largas de medusas del mar.

I LOVE ROSES AS MUCH AS I LOVE
THE LITTLE PRINCE

I love roses as much as I love the Little Prince
and I love blue doves
with long feathers like jellyfish.
I will admit that I never forget
that I am still like a child at age 76,
that I see the invisible world with my soul,
that I counted the stars
and befriended them,
I visit them, I read them my poems,
and they tell me happy stories
in their magical star garden.
Heaven is the realm of ultimate freedom
and the love of roses
and blue doves
with long feathers like jellyfish.

AFERRADO A LA CRIN
DE UNA MUJER INDÓMITA

Siempre me veo aferrado
a la crin de una mujer indómita
en medio de la noche,
el fuego y el humo
en la orilla sur de la esperanza.

CLUTCHING THE MANE
OF AN UNTAMABLE WOMAN

I always find myself clutching
the mane of an untamable woman
in the middle of the night
fire and smoke
on the southern edge of hope.

LAS ESTRELLAS CAEN EN EL RÍO

¿Para qué sirve la lluvia de estrellas?
Yo voy al rio a recoger las estrellas que caen,
hay unas que se quiebran
y se hacen luciérnagas
y a otras las arrastra la corriente hasta el mar.
Desde las estrellas
no se ve el desamor que nos tenemos,
la sangre, ni las luces de Nueva York
ni el Tequendama.
No hay nadie que sufra nuestras ideas primitivas.
Vivimos en un salvaje universo desconocido,
con asteroides peligrosos,
lunas mojadas,
hojas de otoño
y sabiendo que el amor no es un crimen.

STARS FALL IN THE RIVER

What is the purpose of falling stars?
I go to the river to pick up the fallen ones,
some broken ones
become fireflies
and the current carries others down to the sea.
In stars
no one sees our absence of love for one another,
blood, New York City lights,
or the Tequendama Falls.
No one suffers our primitive ideas.
We live in an uncharted and untamed universe,
with dangerous asteroids,
misty moons,
fall leaves
and the knowledge that love is not a crime.

NUBE ESCARLATA Y ENCENDIDO CARMESÍ

Nube escarlata y encendido carmesí,
cantaba ella cuando con temblor en mis manos
le arrebaté su corazón al leopardo
y lo volví a poner delicadamente en el cielo.
De ahí sale su canto,
me lo traen las aves altivas y orgullosas del pa-
raíso,
su canto de candor inmaculado,
volando por un molino de viento.
Las sirenas aprendieron de su canto,
a golpe de remo me lo traía el mar,
lo pintaron Matisse y Picasso
y las rosas me prometieron florecer
        todos los días
hasta que me venza la muerte.

SCARLET AND BURNING CRIMSON CLOUD

Scarlet and burning crimson cloud,
she sang as my trembling hands
snatched her heart from the leopard
and placed it carefully back in heaven.
That is the source of her song
that proud and noble birds of paradise carry
back to me
her song, immaculate purity,
in the air through a windmill.
The sirens learned from her song,
each beat of oar brought it to me from the sea,
Matisse and Picasso painted it
And roses promised me that they would bloom
        each day
until death overwhelms me.

ADENTRO DEL ESPEJO QUIERO VIVIR

Adentro del espejo quiero vivir mis últimos años
para caminar con mi padre encima del cielo
y repetir allí mi vida desde el principio.
Quiero que me abrace San Juan de la Cruz
junto al árbol del paraíso,
oír cantar a mi padre
            con Sor Juana Inés de la Cruz
vestida de seda azul con un ramo de rosas,
ver que mis padres se aman hasta la muerte.
En el cielo
            nada es producto de la imaginación,
no hay noche humana,
no hay viento ni silencio,
solo la gloria del alma.

I Want to Live in The Mirror

I want to live my final days in the mirror
to walk beside my father through heaven
and relive my life from the beginning.
I want Saint John of the Cross to embrace me
beside the tree of paradise,
to listen to my father sing
        with Sor Juana Inés de la Cruz
in her blue robe with a rose bouquet,
to see my parents love each other until death.
In heaven
        nothing is a product of the imagination,
there is no human night,
neither wind nor silence,
only the glory of the soul.

FINAL DEL CAMINO

Cerca del final del camino
uno registra quiénes permanecen en su
      memoria.
¿Adónde se quedaron todos los que amé?
¿Adónde se esconden mis odios,
mis heridas que me sangraron con dolor?
¿Quiénes eran parte de mí y dejaron de serlo?
¿Quiénes se salieron de mis entrañas?
Una bruma espesa cubre
      el último tramo del camino,
mis ojos ya solo pueden ver adentro de
      mis dudas
y cerrarse
y soñar que la poesía ha sido
      la única verdad fiel
que me ha acompañado toda la vida.

END OF THE ROAD

Near the end of the road
you think about those who linger in your
       memory.
What happened to everyone I loved?
Where did I hide my hate,
my painful, bleeding wounds?
Those who were once close?
Those I held deep in my heart?
A thick haze fills
       the final stretch,
my eyes see nothing but
       my own doubts
as they close
as I dream that poetry has been
       the only constant truth
with me my entire life.

MI ÁNGEL AZUL

Es difícil ver a mi ángel azul
        en el azul del cielo,
aquí no es fácil encontrar con quien platicar.
Yo me sostengo de sus alas
para que me saquen a volar,
para que me lleven otra vez a Brujas de Flandes
para pasear en bicicleta,
pero los ángeles andan de arriba para abajo
diseñando la imaginación
y la fantasía de los recién nacidos,
inventando los colores maravillosos
de millones de aves diferentes,
metiéndose en el alma de los poetas,
convirtiéndose en música de Bach,
de Brahms, de Beethoven,
haciéndose paisajes,
manifestando la ira de Dios.
Deben tener razón en hacer todo lo que hacen,
ese es su trabajo;
pero de una cosa estoy seguro:
cuando consiga ver a mi ángel azul,
no lo voy a soltar,
lo voy a agarrar fuerte
para que se quede conmigo
hasta la hora de mi muerte.

MY BLUE ANGEL

It is difficult to spot my blue angel
        in the blue sky,
it is not easy to find anyone to talk with here.
I take hold of his wings
to fly through the air,
back to Bruges in Flanders
to ride a bicycle,
but angels are everywhere
designing imagination
and fantasies for newborns,
inventing marvelous colors
for a million different birds,
occupying the souls of poets,
becoming music by Bach,
Brahms, Beethoven,
creating landscapes,
demonstrating God's wrath.
They must do what they do,
that is their job;
but one thing I know for certain:
when I manage to spot my blue angel,
I am not letting him go,
I am going to hold on to him tightly
to keep him with me
'til the hour of my death.

LA GARGANTA DE OLDUVAI EN TANZANIA

El sol brilla sobre su cara,
la transforma.
Ahora es una virgen frutal,
un ave del paraíso,
un homínido que no puede
detener su belleza,
primeros bocetos abandonados
en la garganta de OLDUVAI
hace uno o dos millones de años,
sin marchitarse,
golpeando la piedra con la piedra,
haciendo el puñal con la piedra,
cazando con el puñal de piedra,
viendo y oyendo con sus dos pies en la tierra,
compartiendo la carne cruda,
caminando junto a otros homínidos,
sin saber qué son,
quiénes son,
qué ven,
cómo se llama lo que ven,
sin poder nombrar lo que ven,
lo que sienten.
sin saber qué son,
quiénes son,
qué ven,
qué son los colores,

THE OLDUVAI GORGE IN TANZANIA

Bathed in brilliant sunlight
it is transformed.
It becomes a virgin fruit tree,
a bird of paradise
a hominid unable to
hide its beauty,
abandoned first draft
in the OLDUVAI gorge
one or two million years ago,
unfaded,
pounding stone into stone,
forming a knife from stone,
hunting with the knife of stone,
seeing and hearing standing on two feet,
sharing raw meat,
walking beside other hominids,
unaware of what they are,
who they are,
what they see,
the name of what they see,
unable to name what they see,
what they feel.
unaware of what they are,
who they are,
what they see,
colors,

la sangre,
las aves,
los dinosaurios.
Para el hombre esos amaneceres
son el principio del mundo,
el origen del milagro de la vida del hombre,
de nuestra belleza animal.

blood,
birds,
dinosaurs.
For man those early dawns
are when the world began,
the origin of the miracle of human life,
of our animal beauty.

TOCAR LA BELLEZA

Si hubiera nacido solo mi alma,
podría tocar la belleza,
meterme en los hexámetros de Homero,
en las manos de Rodin,
ver las estrellas desde un planeta
que vive fuera de la Vía Láctea,
viajar en un barco solar
y desmontarme para danzar
con la pureza de la música extremada
de las olas del mar
y amar para tocar el cielo.

TO TOUCH BEAUTY

If I had been born simply a soul,
I could touch beauty,
I could place myself in Homeric hexameter,
in Rodin's hands,
I could see the stars from a distant planet
far from the Milky Way,
I could travel in a solar boat
and stop off for a dance
with the clarity of the ultimate music
made by sea waves
and with love I could touch heaven.

SIENTO QUE LA VIDA ME DERROTÓ

Siento que la vida me ha derrotado,
me ha tronchado,
me he arrimado a mi ventana
para ver un trozo de azul
que me repita incansable
las batallas en mi interior,
las erupciones volcánicas,
su lava de rabia,
de llanto.
En mi juventud (irresponsable, irreflexiva)
creí que era yo quien derrotaba a la vida.
Mi alma tiene un lobo bueno y un lobo malo;
parece que ganó el lobo bueno.
Y el lobo bueno, el poeta,
no supo defenderme de la vida.

I FEEL DEFEATED BY LIFE

I feel defeated by life,
it has cut me short,
I went to my window
to see the bit of blue
tirelessly reappearing
in my inner battles,
volcanic eruptions,
their lava raging
and weeping.
In my youth (irresponsible, impulsive)
I thought it was I who conquered life.
My soul has a good wolf and a bad wolf;
it looks as though the good wolf won.
And the good wolf, the poet,
could not save me from life itself.

LLUEVEN PÉTALOS DE ROSAS

Llueven pétalos de rosas
y mucho incienso hecho de mirra y canela.
A las rosas le lucen los diamantes
pero no las corten de su tallo
porque cambian de libertad,
de música extremada,
quedan heridas,
desangradas en su perfume.
Cuando Marlene Dietrich
en la Primera Guerra Mundial
cantaba a los soldados Lili Marlene,
lo hacía comiendo pétalos de rosas.
Las rosas eligen cuándo vivir
y cuándo morir.

It is Raining Rose Petals

It is raining rose petals
and abundant incense of cinnamon and myrrh.
Roses gleam like diamonds
but do not cut them from their stem
because it alters their freedom,
their supreme music,
they are wounded,
bleeding their fragrance.
While Marlene Dietrich
sang Lili Marlene to soldiers
in World War I,
she was eating rose petals.
Roses choose when to live
and when to die.

EL CONVENTO DE TEPOTZOTLÁN

Gloria y yo íbamos al Convento Jesuita
de Tepotzotlán
que es un relicario que podría guardar
los Ojos de Santa Lucía,
el Corazón de Santa Teresa
y el dulce aliento de mis hijos.
Los altares estofados de oro
son el alma de los encomenderos arrodillados
ante el Cordero de Dios
que quita los pecados del mundo.
La capilla decorada con pequeños espejos
como un joyero
y el soleado patio de las naranjas
son ermita de la naturaleza.

CONVENT OF TEPOTZOTLÁN

Gloria and I used to go to the Jesuit Convent
of Tepotzotlán
a shrine that may hold
the Eyes of Saint Lucía,
the Heart of Saint Teresa
and the sweet breath of my children.
The altars in gold gilt relief
are the soul of plantation owners kneeling
before the Lamb of God
who takes away the sins of the world.
The chapel decorated in tiny mirrors
like a jewelry box
and the sunny patio full of oranges
are nature's hermitage.

¿QUIÉN GOBIERNA LA NOCHE?

¿Quién gobierna la noche
y quién gobierna los sueños?
Mi brújula marca tus ojos
que me dicen que la muerte me encontrará
en la ciudad donde yo vaya
para escaparme de ella.
Habla de que a mi edad hay que esperarla.
¿A dónde me llevará cuando me encuentre?
¿Me quedo ahí, sin sentir, sin vida
hasta que mi cuerpo se haga polvo?
¿Dios nos creó
       para amarnos y perdonarnos?
El hombre es la perfección de la naturaleza
y no sabe quién gobierna la noche,
quién gobierna los sueños,
qué hay después de la muerte,
por qué amar la vida no basta
       para ser feliz.

WHO GOVERNS NIGHT?

Who governs night
and who governs dreams?
My compass points to your eyes
telling me that death will find me
in any city where I flee
from her grasp.
She says that at my age I need only wait.
Where will she take me when she finds me?
Will I stay right there, feeling nothing, lifeless
until my body turns to dust?
Did God create us
        to love and forgive each other?
Mankind is the perfection of nature
and yet we do not know who governs night,
who governs dreams,
what happens to us when we die,
why is love for life not enough
        to make us happy.

EL COLOR DE LAS AVES

Vi cuando
      las aves fueron expulsadas
del paraíso
y el paraíso quedó como una rama seca.
La lujuria del color de las aves
era la belleza del paraíso.

THE COLOR OF BIRDS

I witnessed the moment of
          the expulsion of birds
from paradise
leaving paradise like a lifeless branch.
The lavish color of birds
gave paradise its beauty.

ESA LUZ VIVE EN EL INTERIOR DE MI ALMA

Dicen los mitos nórdicos
que la vida nació de la nada
cubierta de escarcha
y su luz la vieron todas las estrellas del universo.
Yo conozco mujeres incandescentes
con jardines en el corazón
que nacieron de ese fulgor.
Esa luz vive en el interior de mi alma,
¿Pueden las hojas azules
borrar o alterar mis recuerdos?
¿He vivido una ficción interminable?
Con la luz vino la violencia espiritual
y el candor del color de las aves,
las rosas, la nieve, la selva
y la muerte.

THAT LIGHT LIES DEEP IN MY SOUL

According to Nordic myth
life emerged from nothingness
covered in frost
and all the stars in the universe saw its light.
I know incandescent women
with hearts like gardens
born from that light.
That light lies deep in my soul.
Could blue leaves
erase or alter my memories?
Have I lived an eternal fiction?
With light came spiritual violence
and purity in the colors of birds,
roses, snow, jungle,
and death.

EL MAR Y LOS DELFINES

Los delfines le cantan canciones de amor
 a sus amantes
y les enseñaron a los hombres
a cantarles
            a las hembras que enamoran.
Yo los oí cantar dulzuras
de la inmensidad del mar,
de las mentiras del amor,
de los mandatos que dan las estrellas en la noche
y de los besos que se han dado en las
            reconciliaciones.
Cuando piensan se enamoran.
Son como yo,
que hago locuras y poemas
y lloro de alegría.
A la gente le gusta ver saltar a los delfines
por encima del mar
haciéndole gracias a sus novias.
Isadora Duncan venía a bañarse con los delfines
y aprendía de la sabiduría y belleza,
del ritmo de las olas.
Si le das a guardar un secreto al mar
¿el mar lo oculta en el horizonte
que continúa hasta el final a de las
            constelaciones?

DOLPHINS AND THE SEA

Dolphins sing love songs
to their lovers
and they taught men
to sing them sweetly to
          the women they are courting.
I heard them singing sweetly
about the vast sea,
loves dishonesty,
orders the stars give at night
and when they kissed
          and made up.
They fall in love when they think.
We are the same,
as I go crazy and make poetry,
and I cry from happiness.
People enjoy watching dolphins leap
above the surface of the water
entertaining their lovers.
Isadora Duncan came to swim with dolphins
and learned about wisdom and beauty
the rhythm of waves.
If you ask the sea to keep a secret
does the sea hide it in the horizon
stretching to the tail of
          constellations?

CUANDO NUESTRO MUNDO MÁGICO EMPIECE A LLEVARNOS

Cuando nuestro mundo mágico
empiece a llevarnos
cuando quedemos solo con la
        terca memoria
que crece como ala de un dulce gorrión
y la pasión se salga ansiosa de la imaginación
buscando un paraíso en alguna parte;
a todas las ciudades las veremos diferentes,
habrá más constelaciones brillantes en la
        noche,
se habrán extinguido
        muchas especies de animales,
los grandes hielos de la Antártida flotarán
quebrados en el mar,
y ya no habrá inviernos interminables
y nuestro amor será más grande que cuando
comenzamos a amarnos.

WHEN OUR MAGIC WORLD
STARTS TO OVERCOME US

When our magic world
starts to overcome us
when we are left with nothing but
          stubborn memory
that grows like the wing of a sweet sparrow
and passion emerging eagerly from imagination
seeking some paradise somewhere;
we will perceive all cities differently,
there will be more brilliant constellations at
          night,
many animal species
          will be extinct,
the Antarctic's great ice flows will drift
broken in the sea,
and eternal winters will cease to exist
and our love will be greater than when
we first fell in love.

EL POETA PREGUNTA

¿Puedo sembrar en tu pelo castaño hadas,
árboles de melocotones
que den frutas de pitayas y vainillas
con arcoíris en las hojas
para que al besarlas
me produzcan sueños milagrosos
con el sabor apacible del paraíso?

THE POET ASKS

May I sow fairies in your auburn hair,
peach trees
that produce dragon fruit and vanilla
rainbow leaves
so that when I kiss them
I have miraculous dreams
with the delicate flavor of paradise?

SI YO ENCONTRARA UN ALMA

Cuando yo era joven y bello
y repartía mi exuberancia de jazmines
llegaba a cantar al Little Broadway:
Si yo encontrara un alma como la mía
esclava y soberana en el amor,
que no sea una hormiga entre las hormigas,
que tenga luz y tenga la oscuridad,
que ponga en un relicario su amor y el mío
y cierre mis ojos cuando vaya a dormir
para siempre.

MAY I FIND A SOULMATE

When I was young and attractive
and radiated my jasmine exuberance
I managed to sing on Little Broadway:
May I find a soulmate
slave and master to love,
not an ant among ants,
with light and darkness,
to place her love and mine in a locket
and to close my eyelids as I sleep
for eternity.

QUÉDATE CONMIGO

Dulce llama quédate conmigo,
tengo miedo de estar vivo sin ti,
temor de despertar.
Dulce ala de gorrión
vuela en mi cuello de estrellas
en la virtud de respirar.
En el aire de amarte,
quédate conmigo.

STAY WITH ME

Sweet flame, stay with me
I fear life without you,
fear of waking.
Sweet sparrow's wing
hover on my collar of stars
on my breath.
By virtue of my love for you,
stay with me.

SOÑABA QUE VOLABA
CON UNA PLUMA EN LA MANO

Soñaba que volaba con una pluma en la mano
y Ondra y Tadea vivían en la aparición de los
      relámpagos.
Era una pluma vestida de azul y rojo
      que me hacía volar
y escribía versos en el aire para
      Ondra y Tadea.
Cuando era niño era fácil el amor y
      el desamor.
Pero con Michele Filleau
      perdí la raíz del Vesubio,
Diseñé los vitrales de Montmartre,
quemé la biblioteca de Alejandría,
y lloré con Boabdil cuando Isabel
      lo expulsó de Granada.
Y esos divinos disparates me han asaltado
otras veces en mi vida.
Y ahora, después de la desgracia,
empecé a tener tiempo para estar conmigo
para que mi pluma sople adentro de mi
y me haga volar después de mi muerte.

I DREAMT OF FLYING
WITH PEN IN HAND

I dreamt of flying with pen in hand
as Ondra and Tadea inhabited flashes of
    lightning.
A pen dressed in red and blue
    gave me wings
and I wrote verses in the air for
    Ondra and Tadea.
When I was a boy falling in and
    out of love was easy
But I lost the root of Mount Vesuvius
    with Michele Filleau,
I designed Montmartre's stained-glass windows,
I burned down the Library of Alexandria,
and I wept with Boabdil when Isabel expelled
    him from Granada.
I have been overcome by that divine insanity
at other times in my life.
And now after the tragedy
I have started to have time to be with myself,
for my pen to whisper within me
to give me wings when I die.

EN EL PARAÍSO TERRENAL

Desde que desaparecieron los dinosaurios
las Evas y Adanes
salieron de la costilla
de la violencia del principio del mundo,
de las cavernas de lágrimas y sueños.
La risa no se conoció hasta después
de millones de años
igual que el canto de las ballenas.
En el paraíso terrenal
todos los Adanes y Evas fueron
      Caínes y Abeles,
el sol tenía ya miles de millones de años
y alumbraba las orquídeas salvajes
del paraíso terrenal.

ON EARTHLY PARADISE

After the dinosaurs disappeared
Eves and Adams
emerged from the rib
from violence as the world began,
from caves of dreams and tears.
Laughter did not exist for
millions of years
and whale song.
On earthly paradise
every Adam and Eve were
      Cain and Abel, forced to kill to survive.
The sun existed for billions of years
illuminating wild orchids
in earthly paradise.

EL ESPÍRITU SANTO
NOS ECHÓ DEL PARAÍSO

Bella y singular esa paloma alba
para alzar el vuelo
       despeja
              la niebla.
se parece
a la luz del sol.
¿Es el ave del paraíso?
¿El Espíritu Santo?
Ella nos echó del paraíso,
quemó Sodoma y Gomorra,
confundió los idiomas en Babel.
¿Por qué hizo al hombre con mala levadura?
Si nos hizo a su imagen y semejanza,
¿por qué nos va a condenar al fuego eterno?
¿O es que el hombre se inventó el pecado,
el infierno y el crimen de Caín?
así como yo me invento todas las mañanas
que salgo
por mi ventana
como un minusválido alado
para armar mi mundo de poemas.

THE HOLY SPIRIT
EXPELLED US FROM PARADISE

Beautiful and unmistakable that white dove
dispersing
      fog
          to take flight.
She is the master of the divine horn of plenty,
appearing as sunlight.
Is this the bird of paradise?
The Holy Spirit?
She expelled us from Paradise,
burning Sodom and Gomorra,
confusing the languages of Babel.
Why was man made from rotten leavening?
If we were made in his image and likeness
why are we condemned to eternal fire?
Or was man the inventor of sin
hell and Cain's crime
just as I invent myself every morning
with the magic of my imagination
I fly out my window
like a disabled man with wings
to create my world full of poems?

Un mapa de las estrellas

Un mapa de las estrellas
para saber dónde está la noche,
la osa transformada en constelación.
En el cielo cada detalle es importante.
Las estrellas tuvieron juventud
y algunas han encontrado el secreto
de cómo permanecer jóvenes.
Las estrellas no giran alrededor del sol,
se quedan sin dormir alumbrando la noche,
y al final del infinito hay un vivero de estrellas
donde comienza otro infinito.

A MAP OF STARS

A map of stars
to know where night lies,
the bear transformed into a constellation.
Every detail in the sky as meaning.
The stars were young once
and some have found the secret
to stay young.
The stars do not revolve around the sun,
they remain awake illuminating night,
And at the edge of infinity lies a nursery for stars
where another infinity ignites.

En mi juventud le hablaba a las rosas

En mi juventud les hablaba a las rosas
con atrevimiento
y me contestaban con dulzura,
le tenían paciencia a lo irrespetuoso de mi amor.
Yo dormía con ellas y me hablaban
      dormidas,
su belleza me hizo pensar que todos los planetas
y lunas giraban alrededor de la tierra,
que Copérnico y Galileo Galilei
eran unos mentirosos
con imaginación desbocada.
En mi juventud fui mar profundo y transparente,
con mucha crueldad y rabiosamente dulce,
gozaba reventándome en
      olas contra los farallones y las rocas.
Hablaba con los peces, las ballenas, las algas,
los caballitos de mar y los delfines.
Y todavía no sé
      si destrocé mi juventud amando la vida
como un condenado a muerte.

IN MY YOUTH I SPOKE TO ROSES

In my youth I spoke to roses
with audacity
and they answered me sweetly,
patient with my love's disrespect.
I slept with them and they spoke to me
        in their sleep,
their beauty made me think that every planet
and moon revolved around Earth,
that Copernicus and Galileo Galilei
were a couple of liars,
with wild imaginations.
In my youth I was in a deep, clear sea,
full of cruelty and furiously sweet
and I took pleasure rising into
        waves crashing against cliffs and rocks.
I spoke to algae, fish, whales,
seahorses and dolphins.
And to this day I know not
        whether I wasted my youth loving life
as if I had been sentenced to death.

AVE BELLA Y DISTINTA

¿Era así esta mujer o la hice con
       mi imaginación?
Al tocarla y presentirnos la cambié
a imagen y semejanza de
       Eva en el paraíso,
una ave bella y distinta en el firmamento
con mi cuerpo y mi alma en su deseo,
con el hombre y la mujer de Babel
hablándose y enamorándose hasta tocar el cielo.

Cuando ya no la quiera
y el amor se haya marchado,
sentiré que no me ama,
se irá despojando de virtudes
       que sólo el amor ve,
hablará un idioma incomprensible
en un cielo cerrado,
       oculto, sin estrellas
y lleno de tormentos.

BEAUTIFUL AND UNIQUE BIRD

Was this a real woman or was she a figment of
        my imagination?
When I touched and sensed her
I made her into the image and likeness of
        Eve in paradise,
a beautiful and unique bird in heaven
with my body and soul in her desire,
Babel's man and woman
communicating and loving each other to heaven.

When I no longer desire her
when love has been lost
I will feel she does not love me,
she will be stripped of
        love's perceived virtues,
speaking a foreign tongue
in an impenetrable sky,
        hidden from stars
full of torment.

CARPE DIEM

Si pierdo las esperanzas
no me va a cambiar la vida
pero tengo que cambiar mi mundo
con la palabra y la poesía.

Hay que oír a las sirenas cantar,
no hay que ponerse cera en los oídos
ni amarrarse al mástil.
Hay que aprender a soñar.
¡Aprovechemos el día,
tomemos la felicidad por asalto,
armemos una casa de campaña para sitiarla
para no dejarla ir!

La vida es bella
y se construye con los sueños.

CARPE DIEM

If I lose hope
my life will not change
but I have to change my world
with the word and poetry.

You have to hear the siren's song,
do not put wax in your ears
or tie yourself to the mast.
You must learn to dream.
Let us seize the day,
let us capture happiness,
let us make a fort to lay siege to it
so that it cannot escape.

Life is beautiful
and is made from dreams,
I must put a star within reach.

VENDRÁ LA MUERTE

Vendrá la muerte
como una enamorada inevitable
para sacarme de la vida.
Ella sabrá cómo encontrarme.
No hay donde escapar,
aunque cambie de país
      y quiera vivir
acomodando mi edad a la belleza del mar.

DEATH WILL COME

Death will come
like a relentless lover
to take me from life.
She will know where to find me,
I will have nowhere to hide,
even though I may leave the country
        and try to live my life
resting my age in the beauty of the sea.

En la noche callada

Un sol sale todos los días de mis manos
para alumbrar los recovecos, sótanos, buhardillas
de mi examen de conciencia,
sin arrepentimiento,
sin propósito de enmienda
ni dolor de mis pecados.

Me embarqué en un barco ebrio
que sudaba excesos
pero mi edad encalló el barco
y mis armas, mis pasiones,
ya no pegan en el blanco,
salvo mis poemas
que llevan polvo de estrellas.

Solo lo humano y lo divino movieron
mi cuerpo y mi alma
por eso pueden contar todos mis huesos
y las magulladuras de mi alma.

No me arrepiento de nada
y volvería a repetir mi vida.

IN THE QUIET NIGHT

A sun emerges from my hands each day
to illuminate dark corners, cellars, attics,
from my soul-searching,
unapologetic,
not seeking to make amends,
without pain from my sins.

I embarked on a drunken boat
oozing excess,
but my age ran it aground
and my weapons, my passions,
they all miss their mark now,
except for my
stardust-covered poems.

Only humanity and the divine moved
my body and soul.
That is how to identify each one of my bones
and the bruises on my soul.

I regret nothing
and I would live the same life again.

LA INCERTIDUMBRE DE MI ALMA

Mi alma ya solo piensa en la muerte
y mi cuerpo se hace viejo,
lloran porque se acerca su separación.
Su llanto me está hiriendo y tatuando el aliento,
la respiración, mi piel por dentro.
Se está desvaneciendo la memoria de mi vida
llena de aventuras,
se me están manchando de sangre los brazos,
ya me cuesta ver y me cuesta oír.
Parece que no se puede tener más vida,
parece que mi contrato no puede ser renovado,
que soy deprimente, hecho de basuras,
que mi vida es una pocilga insegura.
Mi cuerpo y mi alma saben
que la separación será para siempre.
Viene la nada para el cuerpo
y mi alma no sabe qué viene para ella.

MY SOUL'S UNCERTAINTY

My soul thinks only of death
and my body is aging,
they weep at their imminent separation,
their tears wounding me, tattooing my breath,
filling my lungs, the skin inside me;
the withering memory of my life,
full of excitement,
with my arms covered in bloody wounds,
and I can barely see or hear now.
It seems that there is no more life left in me,
that my contract cannot be renewed,
that I am depressed rotten,
that my life is a stinking mess.
My body and my soul know
that their separation will be eternal.
Nothingness will come for my body
and my soul knows not what the future holds.

LAS LLUVIAS DE ARENA Y SAL SOBRE EL MAR

¿Cómo hace mi alma
para encontrar el camino de regreso a casa,
para llevarme vivo al final del día
como un adicto a la vida?
Mi alma y yo estamos heridos
      en la guerra de las rosas
que se hizo por decir que al principio del mundo
están el silencio y la soledad,
la palabra nunca dicha,
las lluvias de arena y sal sobre el mar,
el fuego apagándose y los animales muriendo
sin memoria.
El mundo era el paraíso terrenal
y Adán y Eva eran unos animales
      entre los animales
no había conciencia, no había pensamiento,
para vivir tenían que matar
      y comerse a las serpientes.
Mi alma siempre me regresa
      al principio del mundo,
me vuelve al lugar
de la inocencia inconmovible
donde los hombres tenían el instinto animal
y el hambre de las bestias.

SAND AND SALT RAINING ON THE SEA

How can my soul
find the wayhome,
to keep me alive through each day,
as if life itself were an addiction?
My soul and I bear wounds
      from the war of roses
fought for saying that in the beginning
there was silence and solitude,
the word unspoken,
sand and salt raining on the sea,
fire burning itself out and animals dying
without memory.
The world was earthly paradise
and Adam and Eve lived
      as animals
lacking awareness, lacking thought,
surviving by slaying
      and devouring serpents.
My soul always takes me back
      to the beginning of the world,
the inalterable unconscious,
my home that was earthly paradise
where human beings knew only animal instinct
and beastly hunger.

MIS VERSOS LOS TIENE MI ALMA

Todo yo soy una masa de dolor
condenado a vivir preso
       al margen de la vida.
Soy un compañero de viaje
que no va a ninguna parte.
La muerte tiene mis ojos
y mis versos los tiene mi alma.
Convertido en un molusco
arrastro mis dolores hasta una ventana
donde me espera una paloma de castilla
para informarme de lo que fue y ya no es,
y de lo nuevo que hay después de mi ventana
y los cipreses.

MY SOUL OWNS MY VERSES

My entire being is a heap of pain
sentenced to live as a prisoner
            on the border of existence.
I am a companion on a trip
to nowhere.
Death owns my eyes
and my verses own my soul.
Like a shellfish
I drag my pain towards a window
where a pigeon waits
to tell me what was, what no longer is,
and what will be beyond my window
and the cypress trees.

TENGO QUE BARAJAR TODA MI VIDA

Tengo que barajar toda mi vida
para ir diferenciando los trozos
       donde puse mi alma,
los pedazos de ceguera, de intolerancias,
de barbaries.
Escribí libros con los poemas
del sueño de la izquierda
que quiero borrar
donde no dije lo que debí decir
y los poemas se me quedaron verdes
en los varejones secos sin florecer.
Tengo que encontrar la carne roja, viva,
cuando volví a escuchar a las aves
en la luz del primer día de la creación
y canté con mi guitarra hasta el amanecer
envuelto en la gruesa espuma
       de los ojos insaciables de la vida.
Ese primer día que es un animal que crece y crece
a través de la noche
como una virtud que te acosa con
       ojos desordenados,
que cría palomas y pinta el arcoíris.
Yo soy un jugador empedernido
y ahora mi alma, de nuevo, quiere plantar
claveles y girasoles.

I Need to Examine My Entire Life

I need to examine my entire life
to identify the bits of my soul
  I left along the way,
bits of blindness, intolerance,
brutality.
I only wrote books
I want to erase
with poems of ideals from the left
where I didn't say what I should have said
and the poems were left green
dry stalks yet to flower;
I have to flesh out the raw meatiness
light on the first day of creation
listening to birdsong
When I sang with my guitar until dawn
wrapped in thick foam,
  eyes insatiable for life.
That first dawning is an animal that grows
through the night
like a virtue pursuing you with
  wild eyes,
to breed doves and paint rainbows.
I am an inveterate gambler
and my soul wants to again plant
carnations and sunflowers.

MI ALMA TIENE FLORES SIN PÁJAROS

Hay días que mi alma tiene flores
      sin pájaros,
sale al jardín sin vestirse, sin lavarse la cara,
para ver a Jesús llorando en la plaza
      llena de gente,
y oír a un obispo que le dice que se vaya,
que la iglesia no lo necesita,
que el pueblo cree en él
      por lo que ellos dicen de él,
por el misterio y los dogmas que han puesto en
sus almas,
por el infierno tan temido,
por los ángeles y los arcángeles,
por el paraíso terrenal y la manzana,
por los pecados mortales y veniales,
porque el ángel anunció a María,
porque Dios creó a la mujer de
      la costilla de Adán,
"Te tienes que marchar y no regresar nunca,
nosotros predicamos la humildad
y la santidad de la pobreza
y queremos ver el milagro de
      tu desaparición".
Hay días que mi alma tiene flores
      y no pájaros.

MY SOUL HAS FLOWERS WITHOUT BIRDS

There are days when my soul has flowers
      without birds,
when it goes into the garden naked, unwashed,
to see Jesus weeping in the town square
      full of people,
to hear a bishop tell him to go on his way,
that the church no longer needs him,
that the people believe in him
      for what they say about him,
tor the mystery and the dogmas they hold in
their souls,
tor hell, so feared,
tor angels and archangels,
tor earthly paradise and the apple,
tor mortal and minor sins,
because the angel appeared before Mary,
because God created woman from
      Adam's rib,
"You must leave and never return,
we preach humility
and the holiness of poverty
and we want to see the miracle of
      your disappearance."
There are days when my soul has flowers
      without birds.

MI ALMA EN CHARENTON

I

Necesito conocer mi alma,
cómo se une con mi cuerpo,
        si hay complicidad,
si es un matrimonio malavenido.
¿Le gusta pecar a mi alma,
        así como le gusta a mi cuerpo?
¿Mueren asfixiados de tanta belleza?
¿Hay que comprar la luna y la estrella boreal o
son como unos gatos infieles que cantan y lloran,
que se traicionan?
Mi cuerpo se calienta
y se derrama con una Bella de Noche
y mi alma busca a Scherezade.
En los pequeños tumultos del salvaje oeste
los cuerpos vivían desalmados.
En las grandes soledades el alma vive con el
        paisaje
y con la noche llena de preguntas.

MY SOUL IN CHARENTON

I

I need to know my soul
how it becomes one with my body,
        if they support each other,
if it is an irreconcilable marriage.
Does my soul like to sin
        the way my body enjoys it?
Are they overwhelmed by so much beauty?
Do they consume the moon and the borealis
or are they unfaithful cats singing and howling
as they betray each other?
My body heats up
and spills over with a Beauty of the Night
and my soul seeks Scheherazade.
In the tumultuous wild west
bodies lived without souls.
In vast solitude the soul lives with the
        landscape
and night filled with uncertainty.

II

Poseído por la lujuria
      mi alma se ha recluido en Charenton
en una celda con barrotes de hierro, desnuda,
comida de pájaros y agua de mar.

Mi vida convertida en una escena del crimen,
con los ojos manchados de sangre,
con mi Sherezade escenificando
      los cuentos de Pushkin,
diciéndome los poemas
      de Anna Ajmátova,
      de Osip Madelstam,
      de Baudelaire
y los cuentos
      de Darío y de Poe.
Cada sílaba que pronuncia es
      un llanto sensual,
unos números que son la verdad y la belleza.

II

Overwhelmed by lust
      my soul is locked away in Charenton
in a cell with iron bars, naked,
bird food and sea water.

My life transformed into the scene of a crime,
bloody eyes,
with my Scheherazade dramatizing
      Pushkin's stories,
reciting poems
      by Anna Akhmatova,
      Osip Mandelstam,
      Baudelaire,
and stories
      by Darío and Poe.
Each syllable she pronounces is
      a sensual weeping,
numbers that are truth and beauty.

III

Las dudas son incontables como las estrellas,
la misma existencia del hombre,
del alma, de Dios.

¿La duda creó a Dios?
Mi alma se sale a los jardines de Charenton
y habla con el ruiseñor de Keats,
con el cuerpo del Conde Ugolino,
con el alma de sus hijos,
con los ángeles de Rilke,
y ellos me dicen que sus dudas rotaron
alrededor del sol hasta que murieron.

El impulso no tiene dudas,
ni el suicida en su último instante,
ni la piedra que no siente.
El jardín de Charenton es el laberinto de Creta
y la historia del hombre es un laberinto.

III

Doubts countless as stars
the very existence of man,
the soul, God.

Did God create doubt?
My soul goes out to Charenton's gardens
and speaks with Keat's nightingale,
with Count Ugolino's body,
with the soul of his children,
with Rilke's angels,
and the tell me that their doubts
circled the sun until they died.

Impulse has no regrets,
like suicide at the very last moment,
like the rock that cannot feel.
Charenton's garden is the Cretan labyrinth
and the history of man is a labyrinth
with a distant song that draws the horizon.

Francisco de Asís Fernández. Granada, Nicaragua, 1945. Poeta, narrador, ensayista y promotor cultural. Es Presidente del Festival Internacional de Poesía de Granada, Miembro de Número de la Academia Nicaragüense de la Lengua, Medalla de Honor en Oro de la Asamblea Nacional de Nicaragua, Cruz de la Orden al Mérito Civil otorgada por el Rey Juan Carlos I de España, Doctorado Honoris Causa en Humanidades otorgado por la Universidad American College, Homenaje Múltiple al poeta Francisco de Asís Fernández editado por la Academia Nicaragüense de la Lengua, Hijo Dilecto de la Ciudad de Granada, Nicaragua. Ha publicado los poemarios *A Principio de Cuentas* (1968, Editorial Finisterre, México, D.F. Ilustraciones de José Luis Cuevas), *La Sangre Constante* (1974, Ediciones del Centro Universitario de la UNAN. Managua, Nicaragua. Ilustraciones de Rafael Rivera Rosas), *En el cambio de Estaciones* (1982, Editorial UNAN, León, Nicaragua. Ilustraciones de Fayad Jamis), *Pasión de la Memoria* (1986, Editorial Nueva Nicaragua, Managua, Nicaragua), *FRISO de la Poesía, El Amor y la Muerte* (1997, Edición del Fondo Cultural del Banco Nicaragüense. Ilustraciones de Orlando Sobalvarro), *Árbol de la Vida* (1998, Ediciones del

Centro Nicaragüense de Escritores, Managua, Nicaragua. Ilustraciones de José Luis Cuevas), *Celebración de la Inocencia: Poesía Reunida* (2001, Editorial CIRA. Ilustraciones de José Luis Cuevas-Texto de Solapa de Fanor Téllez), *Espejo del Artista* (2004, ediciones del centro Nicaragüense de Escritores. Prólogo de Edwin Yllescas- Ilustraciones de Orlando Sobalvarro). *Orquídeas Salvajes* (2008. Editado por Editorial Visor, Madrid, España.) *Granada: Infierno y Cielo de mi Imaginación* (2008, Editorial Amerrisque), *Crimen Perfecto* (2011, editado por: E.D.A libros, colección NorteSur-Málaga España. Prólogo de José Luis Reina Palazón), *La Traición de los Sueños* (2013, Editorial Amerrisque, Managua, Nicaragua. Portada de Omar de León--Prólogo de José María Zonta), *La Traición de los Sueños* (2014, Editorial Alfar, Sevilla, España. Portada de Omar de León--Prólogo de José María Zonta), *Luna Mojada* (2015, Edición bilingüe español-inglés. Editado por Editorial-Revista LA OTRA, Portada de Mario Londoño--Prólogo de Juan Carlos Abril--Texto de Solapa de María Ángeles Pérez--Traducción al inglés de Stacey Alba Skar Hawkins), *La Invención de las Constelaciones* (2016. Edición bilingüe español-inglés, editado por Ediciones Hispamer. Portada de Juan Carlos Mestre, texto de la solapa del poeta Marco Antonio Campos; Prologo de Víctor Rodríguez Núñez; Nota interior de María Ángeles

Pérez López; texto de contraportada: Juan Carlos Mestre; traducción de Stacey Alba Skar), *El tigre y la rosa* (2017, Edición bilingüe, español-inglés. Editado por Ediciones Hispamer. Portada de Juan Carlos Mestre, Prologo I de Antonio Gamoneda, Prólogo II de Raúl Zurita; Nota interior de Gioconda Belli; contratapa, texto Víctor Rodríguez Núñez; traducción de Stacey Alba Skar), *En mis manos no se marchita la belleza* (2018, Homenaje Múltiple al poeta Francisco de Asís Fernández editado por la Academia Nicaragüense de la Lengua. Selección: Jorge Eduardo Arellano), *Hay un verso en la llama* (2020, editado por Uruk Editores, Costa Rica. Portada de Juan Carlos Mestre, Prologo I de Antonio Gamoneda, Prólogo II de Víctor Rodríguez Núñez; contraportada: texto Raúl Zurita) *Detente, cielo mío* (2020 editado por Uruk Editores, Costa Rica. Portada de Jorge Jenkins, Prologo I de José Ramón Ripoll, Prólogo II de Alfredo Fressia; contraportada: texto de Víctor Rodríguez Núñez), *Quiero morir en la belleza de un lirio* (2020, editado por New York Poetry Press, USA. Portada de Yomi Amador, Prologo I de Raúl Zurita, Prólogo II de María Ángeles Pérez López, Prólogo III: Óscar Oliva; contraportada: texto Antonio Gamoneda); *La Tempestad* (2021, edición bilingüe traducción: Stacey Alba Skar. Editado por New York Poetry Press, USA. Prólogo I de Héctor Tajonar, Prólogo II de José

Ángel Leyva); *63 poemas de amor a mi Simonetta Vespucci* (2021, edición bilingüe español-inglés, traducción: Stacey Alba Skar, Editado por New York Poetry Press, USA. Prólogo de Gioconda Belli), *Il cielo del giardino dei sogni / El cielo de la granja de sueños* (2021, edición bilingüe italiano-español, traducción: Emilio Coco. Editado por Raffaelli Editore. Prólogo de Emilio Coco) and *El cielo de la granja de sueños / Heaven's Garden of Dreams* (2022, edición bilingüe español-inglés, traducción: Stacey Alba Skar, Editado por New York Poetry Press, USA. Prólogo de Emilio Coco).

ABOUT THE AUTHOR

Francisco de Asís Fernández. Granada, Nicaragua, 1945. Poet, narrator, essayist, and cultural promoter. He is President of the International Poetry Festival of Granada, official member of the Nicaraguan Academy of Language, recipient of the Gold Medal of Honor from the Nicaraguan National Assembly, recipient of the Cross for the Order of Civil Merit conferred by King Juan Carlos I of Spain, and Doctor Honoris Causa in Humanities conferred by the American College, and Favorite Son of the city of Granada, Nicaragua. In addition to the book homage of essays and poems by multiple international authors compiled by the Nicaraguan Academy of Language to pay tribute to the author's poetry, he has published the following books of poetry: *A principio de cuentas* (1968, Editorial Finisterre, México, D.F. Illustrated by José Luis Cuevas), *La sangre constante* (1974, Edited by the Centro Universitario de la UNAN. Managua, Nicaragua. Illustrated by Rafael Rivera Rosas), *En el cambio de estaciones* (1982, Editorial UNAN, León, Nicaragua. Illustrated by Fayad Jamis), *Pasión de la memoria* (1986, Editorial Nueva Nicaragua, Managua, Nicaragua), *FRISO de la poesía, el Amor y la muerte* (1997, Edited by the Fondo

Cultural del Banco Nicaragüense. Illustrations by Orlando Sobalvarro), *Árbol de la vida* (1998, Edited by the Centro Nicaragüense de Escritores, Managua, Nicaragua. Illustrations by José Luis Cuevas), *Celebración de la Inocencia: Anthology* (2001, Editorial CIRA. Illustrations by José Luis Cuevas. Blurb by Fanor Téllez), *Espejo del Artista* (2004, Edited by the Centro Nicaragüense de Escritores. Prologue by Edwin Yllescas- Illustrations by Orlando Sobalvarro), *Orquídeas Salvajes* (2008, Edited by Editorial Visor, Madrid, Spain), *Granada: Infierno y Cielo de mi Imaginación* (2008, Editorial Amerrisque), *Crimen Perfecto* (2011, Edited by E.D.A libros, NorteSur Series-Málaga, Spain. Prologue by José Luis Reina Palazón), *La Traición de los Sueños* (2013, Editorial Amerrisque, Managua, Nicaragua. Blurb by Omar de León—Prologue by José María Zonta), *La Traición de los Sueños* (2014, Editorial Alfar, Sevilla, Spain. Blurb by Omar de León, Prologue by José María Zonta), *Luna Mojada* (2015, Bilingual Spanish-English edition. Edited by Editorial-Revista LA OTRA, Blurb by Mario Londoño, Prologue by Juan Carlos Abril, Book flap text by María Ángeles Pérez, English language translation by Stacey Alba Skar Hawkins), *La Invención de las Constelaciones* (2016, Bilingual Spanish-English edition. Edited by Ediciones Hispamer. Blurb by Juan Carlos Mestre, Book flap text by Marco Antonio Campos;

Prologue by Víctor Rodríguez Núñez, Introduction by María Ángeles Pérez López, Blurb by Juan Carlos Mestre, English language translation by Stacey Alba Skar Hawkins), *El tigre y la rosa* (2017. Bilingual Spanish-English edition. Edited by Ediciones Hispamer.Blurb by Juan Carlos Mestre, Prologue I by Antonio Gamoneda, Prologue II by Raúl Zurita; Introduction by Gioconda Belli. Blurb by Víctor Rodríguez Núñez, English language translation by Stacey Alba Skar Hawkins), *En mis manos no se marchita la belleza* (2018, Book homage with essays and poems by multiple international authors compiled by the Nicaraguan Academy of Language to pay tribute to the author's poetry. Edited by Jorge Eduardo Arellano), *Hay un verso en la llama* (2020, Edited by Uruk Editores, Costa Rica. Blurb by Juan Carlos Mestre, Prologue I by Antonio Gamoneda, Prologue II by Víctor Rodríguez Núñez; Blurb by Raúl Zurita) *Detente, cielo mío* (2020 edited by Uruk Editores, Costa Rica. Blurb by Jorge Jenkins, Prologue I by José Ramón Ripoll, Prologue II by Alfredo Fressia; Blurb by Víctor Rodríguez Núñez), *Quiero morir en la belleza de un lirio* (2020. Bilingual Spanish-English edition. Translated by Stacey Alba Skar Hawkins. Edited by New York Poetry Press, USA. Blurb by Yomi Amador, Prologue I by Raúl Zurita, Prologue II by María Ángeles Pérez López, Prologue III by Óscar Oliva. Blurb by

Antonio Gamoneda), *La Tempestad* (2021, edición bilingüe traducción: Stacey Alba Skar. Edited by New York Poetry Press, USA. Prólogo I by Héctor Tajonar, Prólogo II by José Ángel Leyva), *63 poemas de amor a mi Simonetta Vespucci* (2021, Bilingual Spanish-English edition. Translated by Stacey Alba Skar Hawkins. Edited by New York Poetry Press, USA. Prologue by Gioconda Belli), *Il cielo del giardino dei sogni / El cielo de la granja de sueños* (2021, Bilingual Italian-Spanish edition, Italian language. Translated by Emilio Coco. Edited by Raffaelli Editore, Italy. Prologue by Emilio Coco), and *El cielo de la granja de sueños / Heaven's Garden of Dreams* (2022, Bilingual Spanish-English edition. Translated by Stacey Alba Skar Hawkins. Edited by New York Poetry Press, USA. Prologue by Prologue by Emilio Coco.)

ÍNDICE / CONTENTS

El canto de los pájaros

Birdsong

WILD MUSEUM
MUSEO SALVAJE
Latin American Poetry Collection
Homage to Olga Orozco (Argentina)

POETRY
COLLECTIONS

ADJOINING WALL
PARED CONTIGUA
Spaniard Poetry
Homage to María Victoria Atencia (Spain)

BARRACKS
CUARTEL
Poetry Awards
Homage to Clemencia Tariffa (Colombia)

CROSSING WATERS
CRUZANDO EL AGUA
Poetry in Translation (English to Spanish)
Homage to Sylvia Plath (United States)

DREAM EVE
VÍSPERA DEL SUEÑO
Hispanic American Poetry in USA
Homage to Aida Cartagena Portalatin (Dominican Republic)

FIRE'S JOURNEY
TRÁNSITO DE FUEGO
Central American and Mexican Poetry
Homage to Eunice Odio (Costa Rica)

INTO MY GARDEN
English Poetry
Homage to Emily Dickinson (United States)

I SURVIVE
SOBREVIVO
Social Poetry
Homage to Claribel Alegría (Nicaragua)

LIPS ON FIRE
LABIOS EN LLAMAS
Opera Prima
Homage to Lydia Dávila (Ecuador)

LIVE FIRE
VIVO FUEGO
Essential Ibero American Poetry
Homage to Concha Urquiza (Mexico)

FEVERISH MEMORY
MEMORIA DE LA FIEBRE
Feminist Poetry
Homage to Carilda Oliver Labra (Cuba)

REVERSE KINGDOM
REINO DEL REVÉS
Children's Poetry
Homage to María Elena Walsh (Argentina)

STONE OF MADNESS
PIEDRA DE LA LOCURA
Personal Anthologies
Homage to Julia de Burgos (Argentina)

TWENTY FURROWS
VEINTE SURCOS
Collective Works
Homage to Julia de Burgos (Puerto Rico)

VOICES PROJECT
PROYECTO VOCES
María Farazdel (Palitachi)

OTHER
COLLECTIONS

Fiction
INCENDIARY
INCENDIARIO
Homage to Beatriz Guido (Argentina)

Children's Fiction
KNITTING THE ROUND
TEJER LA RONDA
Homage to Gabriela Mistral (Chile)

Drama
MOVING
MUDANZA
Homage to Elena Garro (Mexico)

Essay
SOUTH
SUR
Homage to Victoria Ocampo (Argentina)

Non-Fiction/Other Discourses
BREAK-UP
DESARTICULACIONES
Homage to Sylvia Molloy (Argentina)

Para los que piensan, como Olga Orozco, que "esto [es] una gran parte de lo que yo llamaba mi naturaleza interior", este libro se terminó de imprimir en mayo de 2023, en los Estados Unidos de América.

www.ingramcontent.com/pod-product-compliance
Lightning Source LLC
Chambersburg PA
CBHW072138090426
42739CB00013B/3220